Manuela Müller

Holzspielzeug
einfach selber machen

ENGLISCH VERLAG

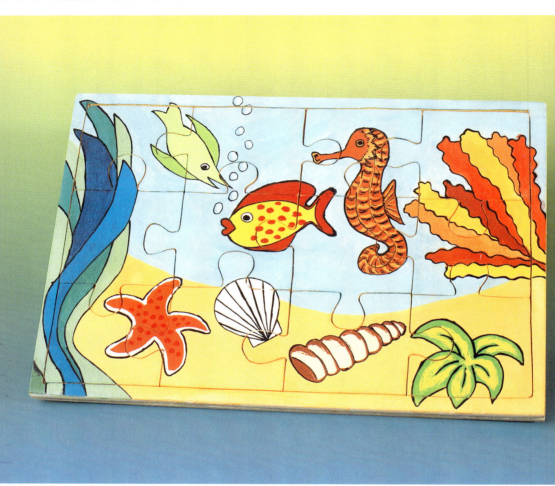

Die Deutsche Bibliothek – CIP-Einheitsaufnahme
Holzspielzeug: einfach selber machen / Manuela Müller. – Wiesbaden: Englisch, 1999
ISBN 3-8241-0941-7

© by Englisch Verlag GmbH, Wiesbaden 1999
ISBN 3-8241-0941-7
Alle Rechte vorbehalten. Nachdruck, auch auszugsweise, verboten.
Titelbild: Frank Schuppelius, Fotos: Susanna Héraucoult-Multer
Herstellung: Michael Feuerer
Printed in Spain

Die Ratschläge in diesem Buch sind von Autorin und Verlag sorgfältig erwogen und geprüft, dennoch kann eine Garantie nicht übernommen werden. Eine Haftung der Autorin bzw. des Verlages und seiner Beauftragten für Personen-, Sach- und Vermögensschäden ist ausgeschlossen. Eine gewerbliche Nutzung der Vorlagen und Abbildungen ist verboten und nur mit ausdrücklicher Genehmigung des Verlages gestattet.

Inhaltsverzeichnis

Vorwort 5

Material und Werkzeug 6

Grundanleitung 8

Mobiles und Hängefiguren 10
   Meerestiermobile 10
   Afrikamobile 11
   Drehfrosch 12
   Flugsaurier 13
   Schaukelfisch 14
   Schaukelpapagei 15

Bewegliche Figuren zum Aufhängen und Schieben 16
   Hampeldino 16
   Hampelkrebs 18
   Elefant auf Rädern 19
   Schiebefisch 20
   Dinomarionette 21

Bilderbücher und Spiele 22
   Angelspiel 22
   Bilderbuch 24
   Legespiel Fisch 26
   Bilderlotto 27
   Tiermemory 28
   Puzzlekasten 30
   Ozeanpuzzle 31

Vorwort

Holzspielzeug lässt Kinderherzen höher schlagen. Es selbst herzustellen ist nicht sonderlich schwierig und erfordert keinen großen Werkzeugaufwand.
In diesem Buch zeige ich Ihnen eine Vielzahl von Spielzeugideen und Dekorationen für das Kinderzimmer. Sie sind alle leicht nachzuarbeiten und stellen jederzeit eine tolle Geschenkidee dar.
Viel Spaß beim Basteln und gutes Gelingen wünscht

Manuela Müller

Material und Werkzeug

Für die in diesem Buch vorgestellten Spielzeuge benötigen Sie folgendes Material:
- Pappelsperrholz, Ø 4 oder 6 mm
- Holzleim
- Plakatfarben
- Klarlack
- Blaupapier zum Durchpausen
- Transparentpapier
- Bleistift

Alle hier vorgestellten Spielzeuge sind aus Pappelsperrholz gesägt. Pappel ist ein helles mittelhartes Holz, das Sie kostengünstig in jedem Baumarkt erhalten. Es lässt sich leicht bearbeiten, ist selbst mit hellen Farben gut bemalbar und hat eine ausgezeichnete Stabilität.
Für den Anfang empfehle ich Holz in der Stärke 4 mm, da es sich besonders leicht sägen und schleifen lässt. Dagegen ist 6 mm dickes Holz noch etwas stabiler, und hängende Objekte wirken dadurch plastischer. Grundsätzlich können Sie aber jedes Spielzeug in der von Ihnen bevorzugten Holzstärke anfertigen.
Zur Herstellung der Klebeverbindungen empfehle ich einen Holzleim mit äußerst schneller und hoher Klebekraft ohne Lösungsmittel.
Für die Bemalung und Lackierung der Spielzeuge steht in den Bastelläden eine große Auswahl zur Verfügung. Sehr gute Erfahrungen habe ich mit Plakatfarben gemacht.

Es gibt sie in zahlreichen Farbtönen, sie sind außerdem untereinander mischbar und besitzen eine hohe Deckkraft. Plakatfarben tragen das CE-Zeichen und sind somit gesundheitlich unbedenklich. Einen Klarlack mit ebenso guter Verträglichkeit zu finden, gestaltet sich meist schwieriger. Viele Firmen bieten reine Acryllacke und Acryllacke auf Wasserbasis an.
Letzterer ist leider für die Lackierung von Plakat- und Schulmalfarben nicht geeignet, da die Farben von der Wasserbasis angelöst werden und verwischen. Acryllacke erfüllen nicht die Spielzeugnorm und sind allenfalls für Kinderzimmerdekorationen und Spielzeuge für größere Kinder geeignet. Babyspielzeug, das auch in den Mund wandert, sollte mit einer gesundheitlich absolut unbedenklichen Alternative lackiert werden. Die hier gezeigten Spielzeuge sind mit einem Klarlack seidenmatt als Naturprodukt (erfüllt die Spielzeugnorm EN 71) lackiert. In Bioläden und Öko-Möbelhäusern gibt es oft eine Auswahl unbedenklicher Farben und Lacke. Generell rate ich immer zu einer Probelackierung auf einem Versuchsholzstück, um die Verträglichkeit von Farbe und Lack zu kontrollieren. Sämtliche weiteren Materialien wie Holzkugeln und Rundstäbe erhalten Sie im Bastelfachgeschäft.

Eine genaue Auflistung der Materialien, die für die einzelnen Holzspielzeuge verwandt wurden, finden Sie im jeweiligen Materialkasten.

Zur Anfertigung der Spielzeuge benötigen Sie folgendes Werkzeug:
✦ Laubsägebogen
✦ Sägeblätter
✦ Laubsägebrettchen
✦ Handbohrer
✦ Schleifpapier
✦ Pinsel

Das wichtigste Werkzeug ist natürlich die Laubsäge. Sie sollte einen stabilen Bogen und einen handlichen Griff haben.

Die dazugehörigen Sägeblätter gibt es in verschiedenen Größen.
Für den Anfang genügt eine Auswahl zwei verschiedener Sägeblätter mit nicht allzu großer Zahnung (zum Beispiel 1 und 3, 2 und 4).
Ein Sägebrettchen, das an jedem Tisch leicht zu befestigen ist, erleichtert das Arbeiten sehr. Man kann das Werkstück gut auflegen, problemlos in die gewünschte Richtung drehen und sägt sicher in dem vorgegebenen Arbeitsgebiet.
Die Handbohrer gibt es im Set mit drei verschiedenen Größen in jedem Baumarkt.
Das Schleifpapier sollte speziell für Holz geeignet sein. Benötigt wird jeweils ein Blatt mit grober, mittlerer und feiner Körnung.

Grundanleitung

Motive übertragen

Für das ausgewählte Spielzeug suchen Sie die dazugehörigen Motive auf dem Vorlagebogen aus. Legen Sie zwischen Vorlagebogen und Holz ein Blatt Blaupapier und zeichnen die Umrisse sowie das Innenmuster auf dem Vorlagebogen nach. Dabei markieren Sie auch die Löcher, die gebohrt werden müssen. Hat das Objekt eine Vorder- und Rückseite, ist die Rückseite generell seitenverkehrt bemalt. Dazu pausen Sie mit Hilfe von Transparentpapier die Vorderseite vom Vorlagebogen ab, wenden das Papier, und das Muster wird mit Blaupapier auf die Rückseite übertragen.

Sägen

Zuerst wird das Sägeblatt in der Spannschraube am Griff der Laubsäge befestigt. Die Zähne des Sägeblattes sollen vom Laubsägebogen weg und hin zum Griff zeigen. Nun drücken Sie den Laubsägebogen zusammen, fädeln das Sägeblatt oben ein und drehen die Spannschraube fest. Die Säge wird am Holzrand angesetzt und mit gleichmäßigen Auf- und Abwärtsbewegungen geführt. Bitte sägen Sie nicht ruckartig und üben keinen zu großen Druck nach vorne aus, weil das Sägeblatt sonst reißt. In engen Winkeln wird grundsätzlich ohne Vorwärtsschub gesägt und dabei langsam das Holz gedreht. Sollte das Sägeblatt haken, wird das Holz nochmal vorsichtig zurückgedreht und erst dann weitergesägt.

Soll das Innenteil eines Objekts ausgesägt werden, bohren Sie mit dem Handbohrer nahe der Sägelinie ein Loch, fädeln das Sägeblatt, das nur unten an der Laubsäge befestigt ist, durch, spannen das Sägeblatt oben ein und sägen das Innenteil aus.

Schleifen

Für den ersten Schleifvorgang verwenden Sie grobes Sandpapier. Damit können Sie die Ecken abschleifen und die Kanten ausgleichen. Danach wird mit dem Schleif-

papier der feinen Körnung das Spielzeug nochmal von allen Seiten rundum geglättet. Bei Kanten, die absolut gerade sein sollen (wie zum Beispiel beim Puzzle), legen Sie das Schleifpapier auf den Tisch und führen das Holzteil darüber.

Bohren
Die Löcher der abgebildeten Spielzeuge sind alle von Hand gebohrt. Dazu legen Sie ein Holzstück unter die angezeichnete Bohrstelle des Spielzeuges, setzen den Bohrer senkrecht auf und drehen ihn mit mäßigem Druck durch das Holz. Mit Schleifpapier entfernen Sie die Späne und glätten die eventuell entstandenen Kanten.

Bemalung
Das Spielzeug wird vor dem Bemalen mit einem Tuch gründlich von dem Schleifstaub befreit. Für die Bemalung können Sie sich nach der Vorlage richten oder Ihre Phantasie walten lassen. Die Hauptsache ist, dass Spielzeug bunt gestaltet wird. Kinder lieben fröhliche Farben. Deshalb sollten Sie keine zu dunklen Töne verwenden und lieber die Konturen zwischen den Farben kräftig betonen. Vor dem Lackieren sollten Sie Ihr Spielzeug gut trocknen lassen.

Lackieren
Alle Spielzeuge haben eine zweischichtige Rundumlackierung, d.h. auch die Kanten und Rückseiten sind zweifach lackiert. Tauchen Sie den Pinsel in Lack ein, streifen ihn am Dosenrand ab und streichen das Werkstück sparsam und gleichmäßig ein. Keinesfalls dürfen sich dicke Pfützen in den Ecken bilden.

Bei den Spielzeugen, die ganz oder teilweise naturbelassen sind, stellen sich nach dem ersten Lackieren kleine Holzspäne auf. Diese schleifen Sie vorsichtig ab und lackieren ein zweites Mal. Bei ganz bemalten Objekten entfällt das Zwischenschleifen.

Montieren
Die Montage der Spielzeuge ist in der jeweiligen Bastelanleitung ausführlich beschrieben.

Mobiles und Hängefiguren

1. Meerestiermobile

Material
- Sperrholz, Ø 4 mm
- Nylonfaden
- Holzleim
- Plakatfarben
- Klarlack

Anleitung
Pausen Sie die Motive der Meerestiere und die zwei Teile für die Aufhängung auf. Markieren Sie die Löcher und sägen die Teile aus. Bei den Teilen für die Aufhängung wird in der Mitte einmal oben entlang der schraffierten Linien gesägt und beim zweiten Teil unten. Alle eingezeichneten Löcher werden durchbohrt und die Kanten und Oberflächen glatt geschliffen.
Bemalen Sie die Meerestiere und die zwei Teile für die Aufhängung. Anschließend werden sie lackiert. Stecken Sie die zwei Teile der Aufhängung zusammen, und verleimen Sie sie. Die Meerestiere werden in gewünschter Länge mit Nylonfaden angeknotet und das unterschiedliche Gewicht der Fische mit der Dreifachbohrung ausgeglichen. Dieses farbenfrohe Mobile eignet sich als Blickfang schon für Säuglinge.

2. Afrikamobile

Material
- Sperrholz, Ø 4 mm
- Nylonfaden, Holzleim
- Plakatfarben, Klarlack

Anleitung
Übertragen Sie die Konturen vom Vorlagebogen auf das Holz (s. Grundanleitung, „Motive übertragen", S. 8). Sägen Sie die Motive aus, bohren die Löcher und glätten die Oberflächen und Kanten mit Schleifpapier. Wie beim Meerestiermobile fertigen Sie das Teil für die Aufhängung zweifach, sodass Sie in der Mitte einmal oben und einmal unten die schmale Spanne entlang der schraffierten Linien aussägen. Nun werden die Holzteile bemalt und lackiert. Setzen Sie die Aufhängung zusammen, und befestigen Sie Ihre Tiere in der gewünschten Länge an Nylonfäden.

3. Drehfrosch

Material
- Sperrholz, Ø 4 mm
- Nylonfaden
- Holzleim
- Plakatfarben
- Klarlack

Anleitung

Pausen Sie Kopf und Körper des Frosches auf. Markieren Sie die Löcher und beginnen dann, entlang der Umrisslinien auszusägen. Nun werden die Löcher mit dem Handbohrer durchbohrt und die Kanten und Oberflächen mit Schleifpapier glatt geschliffen. Bemalen Sie den Frosch. Auf der Vorderseite ist er gelb mit roten Flecken, auf der Rückseite grün mit blauen Flecken. Sie können natürlich auch nach Ihren eigenen Vorstellungen malen. Tragen Sie danach zwei Schichten Lack auf.

Knoten Sie für die Aufhängung den Nylonfaden so an Kopf und Körper, dass sich die zwei Teile problemlos drehen lassen. Geben Sie einen Tropfen Leim auf die Knoten.

Dieser bunte Frosch ist der Liebling jeden Babys.

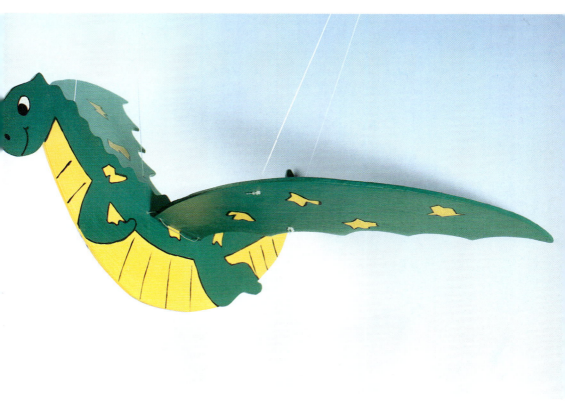

4. Flugsaurier

Material
✦ Sperrholz, Ø 4 mm
✦ Rundstab, 30 cm lang
✦ 2 Holzperlen
✦ Nylonfaden
✦ Holzleim
✦ Plakatfarben
✦ Klarlack

Anleitung
Übertragen Sie den Flugsaurier einmal, die Flügel zweimal vom Vorlagebogen auf das Holz. Markieren Sie dabei auch die Löcher, die gebohrt werden müssen. Sägen Sie die drei Teile aus, und schleifen Sie sie glatt. Runden Sie dabei die Kanten der Flügel, die an den Körper grenzen, besonders sorgfältig ab. Dann funktioniert der Flügelschlag ganz problemlos. Bohren Sie die Löcher, und schleifen Sie sie glatt.
Bemalen und lackieren Sie die Einzelteile des Sauriers. Um den Flugsaurier zusammenzusetzen, knoten Sie zuerst die Flügel mit Nylonfaden an den Körper. Binden Sie nicht zu fest, damit sich die Flügel locker bewegen lassen. Für die Aufhängung fädeln Sie je einen Faden durch jeden Flügel und knoten die Fadenenden am Rundstab fest. Auf die Enden des Rundstabes leimen Sie zwei Holzperlen.

5. Schaukelfisch

Material
- Sperrholz, Ø 4 oder 6 mm
- Rundstab, ca. 20 cm lang, Ø ca. 5 mm
- 4 Holzperlen mit Loch (Loch Ø ca. 5 mm)
- Nylonfaden
- Holzleim
- Plakatfarben
- Klarlack

Anleitung
Übertragen Sie das Motiv vom Vorlagebogen auf das Sperrholz. Markieren Sie das Loch und beginnen dann mit dem Aussägen. Die Kanten und Oberflächen werden glatt geschliffen. Nun können Sie das Loch für den Rundstab durchbohren. Achten Sie darauf, dass Ihr Rundstab gut hindurchpasst, aber auch nicht zu viel Spielraum hat. Bemalen Sie den Fisch mit lustigen Farben, und lackieren Sie ihn in zwei Schichten. Markieren Sie auf dem Rundstab die Mitte, damit sich die Aufhängung später im Gleichgewicht befindet. Schieben Sie den Fisch auf, bis er in der Mitte sitzt, und kleben zwei Holzperlen in geringem Abstand zum Fisch auf den Stab. Die Perlen sollten so groß sein, dass sie mit ihrem Loch genau über den Stab geschoben werden können. Danach wird ein Nylonfaden an die Enden des Rundstabes geknotet und die zwei anderen Perlen fixiert. Nun kann der Fisch in Drehung versetzt werden.

6. Schaukelpapagei

Material
- Sperrholz, ∅ 4 oder 6 mm
- Rundstab, ca. 20 cm lang, ∅ ca. 5 mm
- 4 Holzperlen mit Loch (Loch ∅ ca. 5 mm)
- Nylonfaden
- Holzleim
- Plakatfarben
- Klarlack

Anleitung
Wenn Sie die Umrisse des Papageis auf Holz übertragen und das Loch markiert haben, sägen Sie das Tier aus und schleifen die Kanten und Oberflächen glatt. Wie beim Schaukelfisch durchbohren Sie das Loch, um später den Rundstab hindurchzuführen.

Bemalen Sie den Papagei mit leuchtenden Farben, und tragen Sie zwei Schichten Lack auf. Führen Sie den Holzstab so hindurch, dass der Papagei den Stab genau in der Mitte teilt. Anschließend werden zwei Holzperlen in geringem Abstand zum Papagei auf den Rundstab geleimt. Knoten Sie einen Nylonfaden an die Enden des Rundstabes und befestigen zwei weitere Perlen an den Enden des Stabes. Jetzt schwingt der Papagei lustig hin und her.

Bewegliche Figuren zum Aufhängen und Schieben

7. Hampeldino

Material
- Sperrholz, Ø 4 mm
- Rundstab, ca. 6 cm lang, Ø ca. 4 mm
- Holzperle
- Nylonfaden
- Holzleim
- Plakatfarben
- Klarlack

Anleitung

Alle Körperteile des Dinos werden auf das Holz gepaust und die Löcher markiert. Sägen Sie die Teile mit der Laubsäge aus. Danach schleifen Sie die Kanten und Oberflächen glatt.

Mit dem Handbohrer bohren Sie nun sämtliche Löcher. Achten Sie darauf, dass für Kopf, Schwanz und Beine jeweils zwei Löcher gebohrt werden müssen. Die schwarz ausgefüllten Löcher sind größer, da hier die Stücke des Rundstabes eingepasst werden. Die anderen vier Löcher sind kleiner, da hier lediglich der Nylonfaden hindurchgeführt wird. Glätten Sie die Löcher mit Sandpapier. Die Einzelteile des Dinos werden bemalt und lackiert. Den Rundstab teilen Sie in vier gleich lange Stücke von je 1,5 cm Länge auf. Diese Stücke stecken Sie als Verbindung in die vier Löcher des Rückenteils. Stecken Sie auf diese Stifte Kopf, Schwanz und Beine. Falls sich die Körperteile auf den Stiften nicht leicht bewegen lassen, schleifen Sie die Löcher noch etwas aus.

Verbinden Sie die Körperteile nach dem Schema auf dem Vorlagebogen: Kopf und Schwanz werden verbunden sowie die beiden Beine. Dann knoten Sie den Zugfaden in der Mitte der beiden Verbindungsfäden fest und befestigen an seinem Ende eine Holzperle. Die Fäden sollten in der Ruheposition gestrafft sein. Zum Schluss wird das Vorderteil des Dinos auf die Stifte gesetzt und der sichtbare Teil der Stifte mit etwas Farbe bemalt. Sofort fängt der Dino an, fröhlich zu hampeln.

8. Hampelkrebs

Material
- Sperrholz, Ø 4 mm
- Holzperle
- Rundstab, ca. 3 cm lang, Ø ca. 3 mm
- Nylonfaden
- Holzleim
- Plakatfarben
- Klarlack

Anleitung

Pausen Sie alle Körperteile des Krebses auf das Holz, sägen Sie sie aus, und schleifen Sie sie glatt. Bohren Sie die Löcher. Die Scheren bekommen zwei Löcher: das untere ist größer und wird in derselben Größe wie die Löcher der Körperteile gebohrt, da hier der Rundstab durchgeführt wird. Das obere Loch ist kleiner, da hier der Nylonfaden durchgefädelt wird. Bemalen und lackieren Sie die Einzelteile des Krebses. Sägen Sie vom Rundstab zwei Stücke von je 1,5 cm Länge ab, die sie als Verbindung in die Löcher des Rückenteils stecken. Auf diese Stifte setzen Sie die Scheren auf. Falls sich diese nicht leicht bewegen lassen, schleifen Sie die Löcher noch etwas aus. Fädeln Sie als Verbindung einen Nylonfaden durch die beiden oberen Löcher der Scheren, richten Sie sich dabei nach der Zeichnung auf dem Vorlagebogen. Der Faden sollte in der Ruheposition gestrafft sein. Knoten Sie einen Zugfaden an und befestigen an seinem unteren Ende die Holzperle. In das obere Loch des Rückenteils knoten Sie den Aufhängefaden.
Stecken Sie das Vorderteil des Krebses auf die Stifte, verleimen Sie es und bemalen den sichtbaren Teil der Stifte.

9. Elefant auf Rädern

Material
- Sperrholz, Ø 4 mm
- Sperrholz, Ø 6 mm
- Rundstab, 23 cm lang, Ø 4 mm
- 10 Holzperlen mit Loch
- 4 Holzräder
- Kordel, Holzleim
- Plakatfarben, Klarlack

Anleitung
Übertragen Sie den Körper des Elefanten zweimal auf das Holz mit der Stärke 6 mm und sägen die Teile aus. Ohren und Stoßzähne werden je zweimal auf das Holz mit der Stärke 4 mm aufgepaust, ausgesägt und glatt geschliffen. Bohren Sie die markierten Löcher auf dem Elefantenkörper, und glätten Sie die Ränder mit Schleifpapier. Leimen Sie die Ohren und Stoßzähne auf die angegebenen Stellen.
Dann wird der Elefant farbenfroh bemalt. Verwenden Sie für die Innenseite eine Kontrastfarbe und tragen nacheinander zwei Schichten Lack auf. Wenn Sie möchten, können Sie auch die Räder und Holzperlen bemalen und lackieren. Für die Montage des Elefanten sägen Sie vom Rundstab 2 x 7 cm lange Stücke und 3 x 3 cm lange Stücke ab. Die kürzeren Stifte dienen als Abstandhalter zwischen den beiden Elefantenteilen. Die entsprechenden Stellen sind auf dem Vorlagebogen markiert. Die beiden längeren Stifte sind die Radachsen. Führen Sie die Stifte durch die entsprechenden Löcher, als weitere vier Abstandhalter bringen Sie zwischen den beiden Elefantenteilen am Schwanz und in Höhe der Augen sowie zwischen den Beinen je eine Perle an. Stecken Sie die Räder auf und leimen an jedes Ende der Radachse eine Perle. Setzen Sie zum Schluss für die Augen die beiden letzten Holzperlen an. Zugtiere sind der große Renner bei Kindern im Lauflernalter.

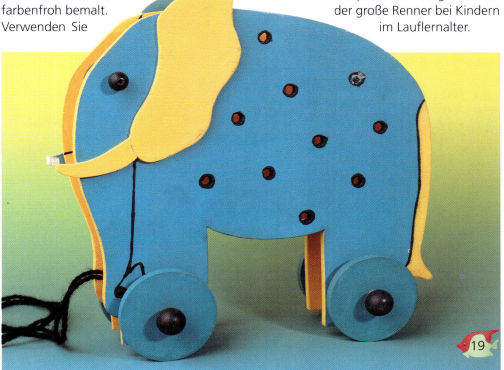

10. Schiebefisch

Material
- Sperrholz, Ø 6 mm
- Rundstab, 62 cm lang, Ø 6 mm
- 5 Holzperlen mit Loch, Ø 3,5 cm
- Holzleim
- Plakatfarben
- Klarlack

Anleitung

Nachdem Sie die Einzelteile auf das Holz gepaust haben, sägen Sie sie aus, bohren die Löcher und schleifen Kanten sowie Oberflächen glatt. Bemalen Sie den Fisch und die Wellen. Anschließend werden die Teile lackiert. Den Fisch leimen Sie zwischen die beiden großen Wellen, die kleinen Wellen leimen Sie auf die großen. Sägen Sie von einem Rundstab zwei Stücke in der Länge von 11 cm ab. Schieben Sie diese beiden Stücke als Achsen durch die Löcher des zusammengeleimten Fischs und leimen an jedes Stabende eine Holzperle. Die fünfte Holzperle benutzen Sie als Griff, den Sie auf die Schiebestange leimen. Für die Schiebestange verwenden Sie den restlichen 40 cm langen Rundstab, den Sie schräg hinter dem Fisch anleimen. Die meisten Kinder bevorzugen Spielzeuge zum Schieben, weil Sie sie im Gegensatz zum Ziehen immer im Auge behalten können. Mit diesem Fisch liegen Sie also genau richtig.

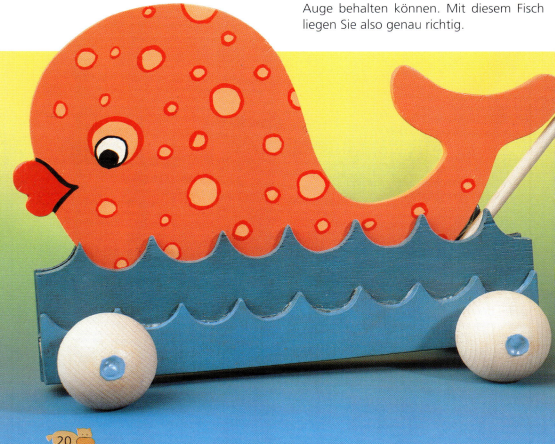

11. Dinomarionette

Material
- Sperrholz, Ø 6 mm
- Nylonfaden
- Kordel, ca. 45 cm lang
- Holzleiste, 36 cm lang und 1,2 cm breit
- Plakatfarben
- Klarlack
- Holzleim

Anleitung
Wenn Sie die Körperteile des Dinos auf das Holz übertragen haben, sägen Sie die Teile aus.
Dann schleifen Sie sie glatt, bohren die Löcher und leimen die beiden Seitenteile auf den Körper. Nun werden die Einzelteile bemalt und lackiert.
Knoten Sie den Dinokopf mit einem Stück Kordel an den Körper. Ziehen Sie ein ca. 35 cm langes Stück Kordel durch das Loch im Bauch, und kleben Sie an den Kordelenden die Füße an.
Sägen Sie von der Leiste ein 20 cm langes und ein 16 cm langes Stück zu. Markieren Sie die Löcher und orientieren sich bei den Abständen an der Zeichnung auf dem Vorlagebogen. Bohren Sie die Löcher und kleben die Leisten zu einem Kreuz zusammen.
Verbinden Sie Kreuz und Körper wie folgt mit Nylonfäden: Loch 1 mit dem Kopf, Loch 2 mit dem Körper, Löcher 3 mit den Beinkordeln (verknoten Sie den Faden mit der Kordel).
Auf jeden Nylonknoten wird ein Tropfen Leim gegeben.

Bilderbücher und Spiele

12. Angelspiel

Material
- Sperrholz, Ø 4 mm
- 2 m Lederband
- Rundholzstab, 1 m lang
- Klebestreifen
- 2 Magnete
- 14 Metallösen
- Nylonfaden
- Holzleim
- Plakatfarben
- Klarlack
- evtl. Zange

Anleitung
Pausen Sie das Seitenteil 6-mal auf Ihr Holz, markieren Sie die zu bohrenden Löcher und schleifen Kanten und Oberflächen glatt. Bohren Sie die Löcher mit dem Handbohrer. Legen Sie jeweils zwei Seitenteile nebeneinander, eventuell fixieren Sie sie mit Klebestreifen und pausen die Korallen und Pflanzen auf. Auf ein separates Stück Holz übertragen Sie die Meerestiere vom Vorlagebogen. Schleifen Sie die ausgesägten Teile und bohren jeweils ein kleines Loch hinein. Nun werden alle Teile farbenfroh bemalt und lackiert.

Knoten Sie die Seitenteile mit dem Lederband aneinander. Durch die Löcher der Fische fädeln Sie Metallösen, die zugebogen werden. Für die beiden Angeln sägen Sie den Rundholzstab in der Mitte durch. Sägen Sie aus dem Sperrholz zwei Kreise in der Größe Ihrer Magnete, bohren in die Mitte ein Loch, bemalen Sie unterschiedlich und tragen Lack auf. Führen Sie Nylonfaden von oben durch das Loch und kleben ihn mit dem Magneten unten fest.

Spielidee: Zwei Kinder angeln abwechselnd aus dem Meer. Jeder Fisch zählt einen Punkt, der Klabautermann als „Joker" zwei Punkte. Wer die Seesterne angelt, hat leider Pech gehabt und bekommt keinen Punkt. Sieger ist das Kind mit den meisten Punkten. Doch bei einem so fröhlichen Angelspaß gibt es keine richtigen Verlierer.

13. Bilderbuch

Material
- Sperrholz, Ø 4 mm
- Holzperle
- Kordel
- Holzleim
- Plakatfarben
- Klarlack

Anleitung
Messen Sie auf dem Holz vier Quadrate in der Größe 12 x 12 cm ab. Sägen Sie die Teile aus und schleifen sie glatt. Die Ecken werden gut abgerundet. Mit dem Handbohrer bohren Sie in jeder der Holztafeln zwei Löcher und schleifen sie mit dem Sandpapier gut aus. Die Motive werden mit Blaupapier auf das Holz gepaust, ausgemalt und lackiert.

Die einzelnen Holztafeln werden mit der Kordel in der gewünschten Reihenfolge zusammengebunden, eine Holzperle wird vorne dazugefädelt und verknotet. Binden Sie nicht zu fest, damit sich die Seiten gut umblättern lassen. Auf den Knoten geben Sie einen Tropfen Leim, schieben die Perle auf und kleben sie fest.

Tipp: Eine persönliche Note erhält das Bilderbuch, wenn Sie auf das Deckblatt den Namen des Kindes aufmalen.

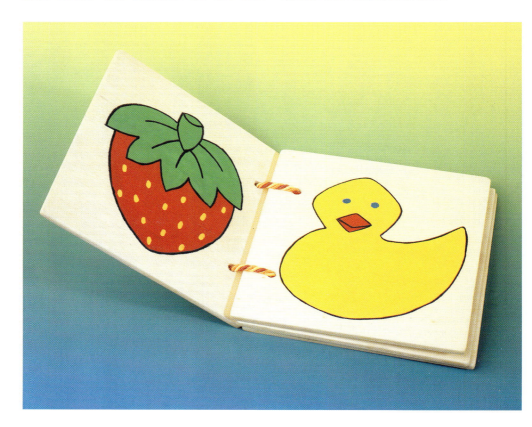

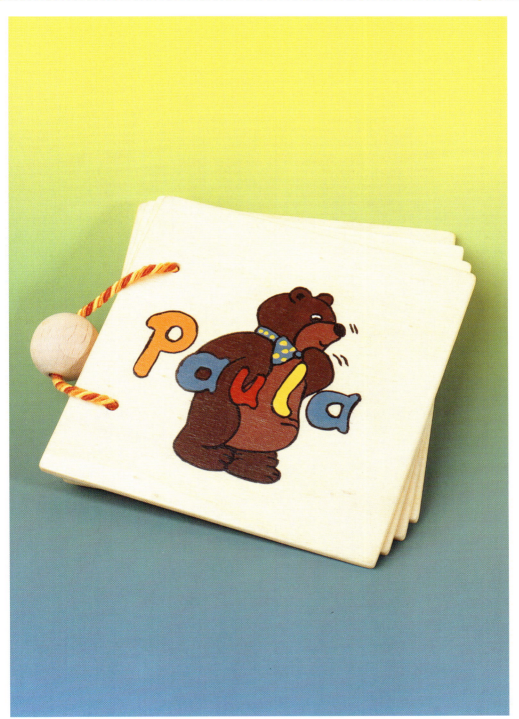

14. Legespiel Fisch

Material
- Sperrholz, Ø 4 mm
- Holzleim
- Plakatfarben
- Klarlack
- Klebestreifen

Anleitung

Auf dem Holz messen Sie zwei Quadrate in der Größe 16 x 16 cm ab, sägen sie aus und schleifen sie glatt. Zeichnen Sie auf eines der Quadrate einen 1,5 cm breiten Rand ab, bohren in eine Ecke ein Loch und sägen mit einem eingefädelten Sägeblatt an der Linie entlang. Das entstandene Innenteil wird in vier kleine Quadrate von 5 x 5 cm zersägt. Schleifen Sie die Teile vorsichtig mit Sandpapier. Leimen Sie den Rand auf die Basisplatte und schleifen die Kanten bündig ab. Fixieren Sie die vier kleinen Täfelchen auf der Rückseite mit Klebestreifen und pausen das Fischmotiv auf die Täfelchen und in das Kästchen. Die Fische müssen genau übereinander liegen, damit das Bild nicht zerstört wird, wenn sich nicht alle Täfelchen im Spiel befinden. Malen Sie den Fisch farbenfroh und synchron aus. Bemalen Sie den Rand mit einer Farbe, die sie auch für den Fisch verwandt haben. Tragen Sie dann zwei Schichten Lack auf. Durch die genaue Vorlage ist dieses Legespiel bereits für Kleinkinder geeignet.

15. Bilderlotto

Material
- Sperrholz, Ø 4 mm
- Holzleim
- Plakatfarben
- Klarlack

Anleitung
Zeichnen Sie auf das Holz zwei Quadrate in der Größe 15 x 15 cm und 18 kleine Quadrate in der Größe 5 x 5 cm auf. Sägen Sie die Teile aus und schleifen die Kanten und Oberflächen glatt. Pausen Sie die Bilder auf die großen Quadrate und auf jeweils ein kleines Holztäfelchen auf. Bemalen und lackieren Sie die Teile.

Spielidee:
Zwei Kinder sitzen sich mit je einer Spieltafel gegenüber. Die kleinen Holztäfelchen liegen umgedreht in der Mitte. Nun darf jedes Kind abwechselnd ein Bild umdrehen. Gehört es auf seine Tafel, behält es dieses Motiv und darf ein weiteres Bild umdrehen. Das Kind dreht solange Bilder um, bis ein Motiv nicht zu seiner Tafel passt. Dann ist das andere Kind an der Reihe. Gewinner ist das Kind, das als erstes seine Spieltafel ganz bedeckt hat.

16. Tiermemory

Material
- Sperrholz, Ø 4 mm
- Plakatfarben
- Klarlack

Anleitung
Die Täfelchen werden in der Größe 6 x 6 cm auf dem Holz abgemessen, ausgesägt und glattgeschliffen. Mit Blaupapier pausen Sie ein Tiermotiv auf jeweils zwei Täfelchen auf, malen es aus und lackieren die Täfelchen.
Mit nur wenigen Tierpaaren und einem geringen Arbeitsaufwand erhalten Sie so ein unterhaltsames Spiel für Kinder jeden Alters.

17. Puzzlekasten

Material
- Sperrholz, Ø 6 mm
- Holzleim
- Plakatfarben
- Klarlack
- Klebestreifen

Anleitung

Messen Sie auf dem Holz 4 Quadrate in der Größe 12 x 12 cm ab und sägen sie aus. Zeichnen Sie auf 3 Quadrate einen jeweils 1 cm breiten Rand auf und gliedern das Innenteil in jeweils 4 kleine Quadrate zu 5 x 5 cm. Bohren Sie in eine Ecke mit dem Handbohrer ein Loch, fädeln Sie das Laubsägeblatt ein, und sägen Sie an den Linien sehr sorgfältig entlang.

Leimen Sie die drei Randteile auf die Basisplatte und schleifen die Kanten bündig. Fixieren Sie jeweils 4 kleine Quadrate auf der Rückseite mit Klebestreifen. Pausen Sie die Motive mit Blaupapier auf das Holz und malen sie aus. Entfernen Sie die Klebestreifen und tragen zwei Schichten Lack auf.

Tipp: Eine persönliche Note erhält dieses Legespiel, wenn in das Herz der Name des Kindes aufgemalt wird.

18. Ozeanpuzzle

Material
- Sperrholz, Ø 4 mm
- Holzleim
- Plakatfarben
- Klarlack

Anleitung

Messen Sie zwei Rechtecke in der Größe 21 x 15 cm auf dem Holz ab, sägen Sie sie aus und schleifen sie glatt. Zeichnen Sie auf einem Rechteck einen Rand von 0,5 cm Breite ab. Bohren Sie in einer Ecke mit dem Handbohrer ein Loch, fädeln ein kleines Sägeblatt durch, und sägen an der Linie entlang vorsichtig aus. Leimen Sie das Randteil auf das Basisrechteck und schleifen die Kanten bündig ab.

Legen Sie das kleinere Rechteck in den Kasten und pausen das Ozeanmotiv auf. Nehmen Sie das kleinere Rechteck heraus und pausen auf die Rückseite das Raster für die Puzzleteile auf. Sägen Sie mit einem kleinen Sägeblatt die Teile aus. Schleifen Sie nur sehr vorsichtig nach, damit keine größeren Lücken entstehen. Bemalen und lackieren Sie nun die Einzelteile des Puzzles. Der Kasten wird innen naturbelassen und einfach lackiert.

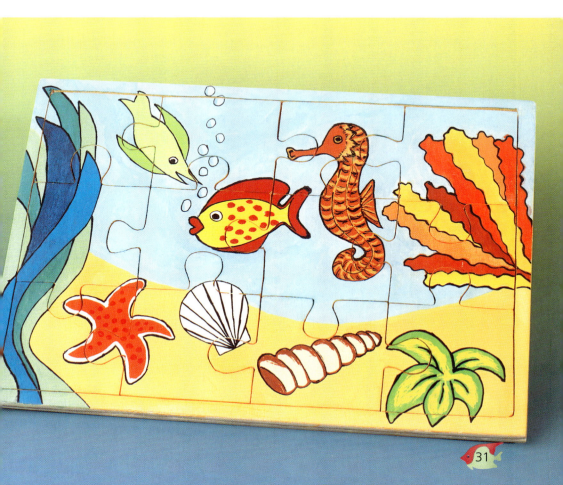

ISBN 3-8241-0832-1
Broschur, 32 S., 2 Vorlageb.

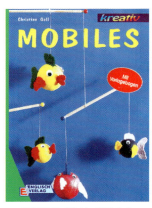

ISBN 3-8241-0722-8
Broschur, 32 S., Vorlageb.

ISBN 3-8241-0802-X
Broschur, 32 S., Vorlageb.

ISBN 3-8241-0768-6
Broschur, 32 S., 2 Vorlageb.

ISBN 3-8241-0890-9
Broschur, 32 Seiten

Lust auf Mehr?

Liebe Leserin, lieber Leser,
natürlich haben wir noch viele andere Bücher im Programm.
Gerne senden wir Ihnen unser Gesamtverzeichnis zu.
Auch auf Ihre Anregungen und Vorschläge sind wir gespannt.
Rufen Sie uns einfach an oder schreiben Sie uns.

Englisch Verlag GmbH
Postfach 2309 · 65013 Wiesbaden
Telefon 06 11/9 42 72 - 0 · Telefax 06 11/9 42 72 30
E-Mail englisch@englisch-verlag.de
Internet http://www.englisch-verlag.de